Brett Hancock

Envolver os alunos aborígenes através do Círculo de Coragem

Brett Hancock

Envolver os alunos aborígenes através do Círculo de Coragem

ScienciaScripts

Imprint

Cover image: www.ingimage.com

This book is a translation from the original published under ISBN 978-3-659-83489-9.

Publisher:
Sciencia Scripts
is a trademark of
Dodo Books Indian Ocean Ltd. and OmniScriptum S.R.L publishing group

120 High Road, East Finchley, London, N2 9ED, United Kingdom
Str. Armeneasca 28/1, office 1, Chisinau MD-2012, Republic of Moldova, Europe
Printed at: see last page
ISBN: 978-620-8-21948-2

Resumo

Os alunos aborígenes continuam a mostrar falta de empenhamento e de sucesso nos seus percursos escolares em comparação com os seus colegas não aborígenes. As relações positivas entre alunos e professores que se alinham com os ensinamentos do Círculo de Coragem podem ajudar a integrar melhor os nossos alunos aborígenes em dificuldades. Foi realizado um estudo de métodos mistos para examinar os dados fornecidos por alunos e professores através do preenchimento de um inquérito sobre a inclusão de alunos aborígenes através dos ensinamentos do Círculo de Coragem. Os alunos que participaram no estudo eram licenciados do programa Aboriginal Outreach (ABOUT). Os professores participantes pertenciam a duas escolas secundárias das Escolas Públicas de Nanaimo Ladysmith (NLPS) e tinham diversas experiências de ensino. Criar um forte sentimento de pertença através de relações positivas entre alunos e professores e fornecer aos professores mais estratégias de envolvimento foram estratégias bem sucedidas que permitiram que os alunos aborígenes se empenhassem mais na sua aprendizagem. Os professores precisam de mais apoio para aprenderem mais sobre a história e as perspectivas dos aborígenes, a fim de se empenharem com êxito no difícil trabalho com os alunos aborígenes. Os resultados sugerem que é necessário um modelo claro sobre como se envolver com os aborígenes que são difíceis de educar.

Dedicação

O número quatro tem um significado sagrado para os aborígenes e ajuda-nos a encontrar a nossa direção. Estando no centro do meu círculo de vida, sempre fui guiada por quatro direcções de apoio. As palavras não podem fazer justiça ao amor incondicional e ao apoio que recebi das quatro pessoas mais poderosas que já conheci. Elas deram-me um círculo de coragem que me permitiu finalmente orgulhar-me de quem sou e de onde venho. A minha maravilhosa mãe Maureen ensinou-me o que é pertencer e como incutir um sentimento de pertença em todas as pessoas com quem entro em contacto. O meu incrível pai Steve ensinou-me que sou capaz de demonstrar mestria e de aprender a dar essa oportunidade a muitos outros. A minha irmã, forte e poderosa, mostrou-me como ser independente e eu gostei de cada minuto de aprendizagem convosco. A generosidade que mostraram e continuam a mostrar-me inspira-me diariamente a retribuir à nossa comunidade que tanto nos deu a ambas. Adoro-vos a todos!

Capítulo 1 Problema a analisar

Se o que fazemos pelas crianças é tão bom para elas, porque é que elas lutam tanto connosco?

- Roderick Durkin

Objetivo do estudo

Em toda a província da Colúmbia Britânica, a questão da inclusão dos aborígenes na sala de aula é uma preocupação séria. Esta questão não é nova, mas continua a ser um motivo de preocupação para os educadores, as comunidades aborígenes e o Ministério da Educação. As escolas residenciais, os estereótipos, o racismo, a opressão e a pobreza são algumas das questões que conduzem a uma perda de envolvimento na educação, a maus resultados académicos e a taxas de mortalidade mais elevadas para muitos aborígenes (Toulouse, 2013). Com tantos estudantes aborígenes desinteressados, parece que os educadores canadianos não conseguiram cumprir as promessas educativas dos Tratados 1 a 7, que foram negociados entre os representantes da Rainha e os grupos das Primeiras Nações (Anuik, Battiste, & George, 2010).

Os líderes educativos sabem que o sucesso académico é mais provável quando os alunos estão empenhados. Para que a mudança educativa em relação ao envolvimento dos alunos seja bem sucedida, os líderes têm de se envolver numa investigação apreciativa que seja simultaneamente otimista e construtiva, bem como realista e questionadora (Quinn, 2004). Esta investigação foi motivada pela suposição de que muitos professores não sabem realmente *como* envolver os nossos aborígenes locais na sala de aula. Se os professores souberem o que estes alunos precisam para se envolverem e ouvirem isto diretamente das vozes dos alunos indígenas e dos seus colegas professores, isso pode fazer avançar o processo de aprendizagem dos professores. Esta clareza ajudará os educadores a compreender *como* criar um ambiente envolvente para os alunos indígenas.
Criar um ambiente envolvente para todos os alunos na sala de aula proporciona

Proporcionar aos alunos aborígenes "condições equitativas" para que possam trabalhar com os seus pares num ambiente que promova a igualdade entre os alunos.

Enquanto professor e estudante aborígene, tive a oportunidade de olhar para o envolvimento através de duas lentes muito diferentes. Durante os meus anos de escola primária e secundária, enquanto estudante, não estava interessado no que se passava na sala de aula e na escola. Descobri que a cultura nas salas de aula e nas escolas que frequentava não era propriamente acolhedora para uma pessoa com raízes indígenas. Muitas vezes menti sobre a minha cultura e história familiar para me integrar melhor na comunidade escolar. Reflectindo sobre as minhas experiências enquanto estudante, não me lembro de muitas relações positivas com os meus professores. Agora, como profissional, vejo e reconheço a falta de envolvimento que ainda existe com muitos dos nossos alunos aborígenes. Muitos acreditam que o ensino de conteúdos sobre os aborígenes na sala de aula ajuda a envolver os aborígenes, e eu também tenho essa opinião; no entanto, também acredito que uma relação forte entre alunos e professores é a componente mais importante para envolver os nossos aborígenes.

O objetivo deste estudo era analisar a relação entre o empenho dos alunos aborígenes na escola e as relações positivas entre alunos e professores. Além disso, este estudo demonstra as relações entre os níveis de empenhamento dos alunos aborígenes e os princípios do modelo do Círculo de Coragem. De acordo com a hipótese deste estudo,

presumi que os resultados mostrariam que as relações positivas entre alunos e professores, centradas nos ensinamentos do modelo do Círculo de Coragem, podem contribuir para que os alunos aborígenes se metam em sarilhos. Os resultados deste estudo serão utilizados para defender a implementação e a manutenção de estratégias de liderança e de ensino que contribuam para
Promover relações entre alunos e professores que possam apoiar as dificuldades de aprendizagem dos aborígenes através de

para aumentar o seu empenhamento.

Justificação do estudo

Fredricks (2004) observa que "o conceito de envolvimento escolar está a suscitar um interesse crescente como forma de melhorar os baixos níveis de desempenho académico, os elevados níveis de aborrecimento e insatisfação dos alunos e as elevadas taxas de abandono escolar nas zonas urbanas" (p. 59). No Report Card on Aboriginal Education in British Columbia, Cowley e Easton (2004) afirmam que as hipóteses de um aluno aborígene frequentar o oitavo ano são apenas ligeiramente superiores a uma em cada cinco hipóteses de concluir todos os anos e receber o seu diploma Dogwood a tempo. Quando se analisa a taxa de sucesso dos alunos não aborígenes, as suas hipóteses de concluir todas as classes e receber o seu diploma Dogwood são três vezes superiores.

Cowley e Easton (2004) descobriram que a taxa de insucesso dos alunos aborígenes no sétimo ano é mais do dobro da dos seus colegas não aborígenes. Muitos interrogam-se sobre as razões do menor sucesso académico dos alunos aborígenes em comparação com os alunos não aborígenes. A falta de empenho é provavelmente um desses factores.

O inquérito de satisfação de Nanaimo-Ladysmith (2013) mostra que, no 4.º ano, 67% dos alunos aborígenes sentem que lhes são ensinados conteúdos sobre os canadianos aborígenes, mas este número desce para 0% no 7.º ano. Será que parte da razão para as notas mais baixas dos alunos aborígenes e o desinteresse na aprendizagem se deve à falta de conteúdos sobre os povos aborígenes no currículo? Ao analisar a idade de abandono escolar,
pode presumir-se que estes alunos perderam o seu empenhamento na aprendizagem muito antes de terem finalmente abandonado a escola (Balfanz, Herzog, & Maciver, 2007). Martin Brokenleg, coautor de Reclaiming Youth at Risk e do modelo Circle of Courage, acredita que "os alunos decidem tipicamente no sétimo ano se vão ou não terminar o ensino secundário" (comunicação pessoal, 1 de novembro de 2013). Sabendo da importância do envolvimento dos alunos no sétimo ano, os educadores devem garantir que o currículo é relevante e cativante para que os adolescentes tomem a decisão de concluir o ensino secundário. Além disso, os educadores do ensino secundário têm de criar oportunidades para que os jovens aborígenes tenham sucesso na escola, de modo a que, mesmo que tenham decidido abandonar a escola, tenham uma razão para mudar de ideias.

Os métodos de aprendizagem aborígenes, como o Círculo de Coragem, que se centra em conversas com os alunos e está alinhado com os valores que os alunos aborígenes têm em muitas das suas culturas, é uma forma de envolver os alunos aborígenes. "A integração de conteúdos indígenas no currículo regular aumenta a probabilidade de os alunos indígenas alcançarem melhores resultados académicos" (Tait, 2010, p.7). O modelo do Círculo de Coragem fornece aos educadores um símbolo derivado dos ensinamentos tribais aborígenes que podem usar todos os dias para melhorar o envolvimento dos nossos alunos aborígenes. O modelo incentiva os educadores a cuidar de cada um dos seus alunos, seguindo as quatro partes do Círculo de Coragem: Criar um sentimento de pertença, mestria, independência e generosidade (Brokenleg, Brendtro, & Van Bockern, 2002).

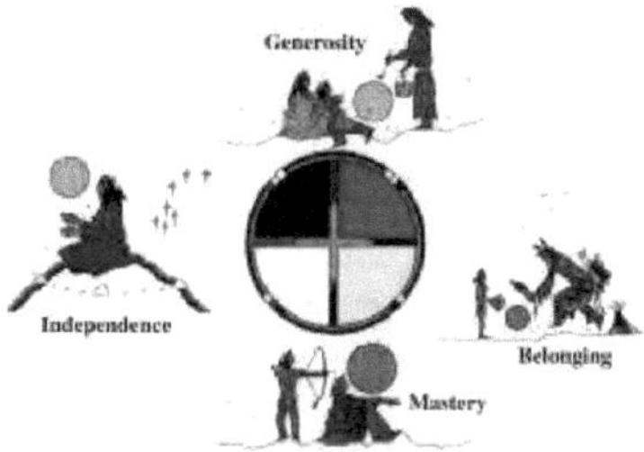

Figura 1.1: O círculo da coragem (Brokenleg et al., 2002)

O modelo do Círculo de Coragem incorpora quatro valores fundamentais para envolver e apoiar os alunos: o espírito de pertença, o espírito de mestria, o espírito de independência e o espírito de generosidade (Brokenleg et al., 2002). O espírito de pertença permite que todos os alunos e crianças se sintam acarinhados através de relações de confiança. O papel dos adultos não é apenas atuar como professores que ministram o currículo da disciplina, mas mostrar a cada aluno que ele pertence e é amado. O Espírito de Domínio mostra aos alunos que podem ser bem sucedidos e encoraja a sua sede de aprendizagem. O objetivo é dar a cada aluno a oportunidade de desenvolver competências cognitivas, físicas, sociais e espirituais. O espírito de independência incentiva os alunos a sentirem que têm o poder de fazer escolhas. Muitas comunidades aborígenes não pressionam as crianças a tornarem-se independentes numa idade precoce, mas encorajam-nas a aprender o respeito e os valores dos mais velhos antes de terem o poder de tomar decisões. O espírito de generosidade mostra aos alunos que têm um objetivo na escola e na vida. Uma constante nas comunidades aborígenes é que a maior virtude é ser generoso e altruísta. Os ensinamentos que o modelo do Círculo de Coragem apoia mantêm os alunos aborígenes empenhados na aprendizagem, uma vez que conseguem manter-se ligados aos ensinamentos tradicionais da sua cultura. O objetivo do presente estudo era, portanto Relação entre o empenho dos alunos e as relações positivas entre alunos e professores (com base em

no modelo do Círculo de Coragem).

Questão e hipótese de investigação

A questão que inspira esta investigação é: Como é que as relações positivas entre alunos e professores, centradas nos ensinamentos do Círculo de Coragem, podem ajudar a envolver os nossos alunos aborígenes com dificuldades? A minha hipótese para este estudo é que as relações positivas entre alunos e professores que se centram nos ensinamentos do Círculo de Coragem ajudarão a envolver os nossos alunos aborígenes com dificuldades. Também se coloca a hipótese de que os professores entrevistados no âmbito do estudo têm poucos conhecimentos sobre o modelo do Círculo de Coragem e sobre como envolver com sucesso os alunos aborígenes. Parti do pressuposto de que os alunos aborígenes envolvidos referem que têm uma relação aluno-professor positiva na sua comunidade educativa.

Definição de termos

O termo "aborígene" é utilizado ao longo deste estudo e inclui os povos das Primeiras Nações, Metis e Inuit do Canadá. No entanto, os autores cujo trabalho contribuiu para este estudo utilizaram termos variantes, como nativo, índio ou indígena, que foram incluídos para que não se perca a integridade das suas palavras. Estes termos devem ser considerados sinónimos de povo aborígene. Quando nos referimos ao envolvimento dos alunos, é quando estes fazem um investimento psicológico na aprendizagem e demonstram uma motivação intrínseca para aprender. Os professores deste estudo são indivíduos que possuem um certificado de ensino atual na província da Colúmbia Britânica e ensinam na Escola Comunitária John Barsby ou na Escola Secundária do Distrito de Nanaimo nas Escolas Públicas de Nanaimo Ladysmith (NLPS). Os alunos com dificuldades de aprendizagem são alunos que não são capazes de não cumprem as expectativas na escola e não se concentram nos seus trabalhos escolares. Os alunos que

que participaram neste estudo eram todos aborígenes e antigos alunos do programa NLPS Aboriginal Outreach (ABOUT). O programa ABOUT é um programa de aprendizagem alternativo que proporciona aos alunos (que anteriormente tinham abandonado a escola ou que tinham dificuldades) um ambiente de aprendizagem inovador onde podem completar todos os cursos necessários para a conclusão do ensino secundário, com ênfase nos ensinamentos tradicionais aborígenes. O programa está agora no seu sétimo ano e é executado na Nanaimo District Secondary School (NDSS). Relação positiva é outro termo utilizado no estudo e refere-se a uma ligação ou vínculo entre duas pessoas que envolve respeito mútuo e compreensão dos valores de cada um. O Círculo de Coragem é um modelo derivado dos ensinamentos tribais; serviu para promover o desenvolvimento positivo dos jovens com base no princípio universal de que todos os jovens precisam de um sentimento de pertença, domínio, independência e generosidade para serem emocionalmente saudáveis. Esta filosofia teve origem na colaboração de Martin Brokenleg e Larry K. Brendtro.

Breve descrição do estudo

Este estudo examinou a forma como as relações positivas entre professores e alunos, centradas nos princípios do modelo do Círculo de Coragem, podem promover o empenhamento dos alunos aborígenes com dificuldades. Foi utilizada uma abordagem de investigação com métodos mistos para recolher dados quantitativos e qualitativos. Foram entrevistados antigos alunos aborígenes e actuais professores, utilizando perguntas abertas e fechadas para recolher dados significativos e compreender o que melhor envolve os alunos aborígenes. Os antigos participantes no estudo eram antigos alunos do programa ABOUT no distrito de Nanaimo-Ladysmith Public Schools (NLPS).

O programa ABOUT é uma abordagem inovadora da prestação de serviços a pessoas vulneráveis.

Estudantes aborígenes com idades compreendidas entre os 12 e os 19 anos no NLPS. A abordagem personalizada do programa à aprendizagem dá aos alunos que, de outra forma, sairiam do sistema a oportunidade de se estabilizarem numa atmosfera de apoio que lhes permite ter êxito e desenvolver a autoestima e a confiança. O programa ABOUT dá ênfase às relações com os alunos e as suas famílias, à aprendizagem relevante e significativa e às práticas restaurativas que ajudam os alunos a desenvolver um sentido de identidade através de uma forte ênfase na cultura e no desporto aborígenes. Como investigador, procurei evidências de tendências entre o envolvimento dos alunos aborígenes e as relações positivas entre alunos e professores, examinando os alunos que tinham emergido dos ensinamentos do modelo do Círculo de Coragem. O estudo também examinou os professores e as suas dificuldades e sucessos no envolvimento de alunos aborígenes com dificuldades.

Capítulo 2: Antecedentes e panorâmica da literatura relevante

Estar de alguma forma relacionado com todas as pessoas que conhece.

-Ella Deloria

Antes do contacto com os europeus, as crianças aborígenes aprendiam com os pais, com a família alargada, com a comunidade em que viviam e, sobretudo, com os mais velhos. Gerações de aborígenes aprenderam a valorizar a aprendizagem com pessoas que lhes estão emocionalmente ligadas, mas isto começou a mudar depois do contacto com a Europa. O sentimento de pertença a um ambiente de aprendizagem é altamente valorizado por muitos aborígenes. É claro que tudo o que não seja a experiência de aprender através da ligação e da pertença seria equivalente ao desinteresse dos estudantes aborígenes, uma vez que não existe uma ligação horizontal, ou seja, uma aprendizagem que permita aos alunos ligar as ideias ensinadas na sala de aula à sua comunidade mais alargada (Dumont, Istance, & Benavides, 2010).

O conceito de envolvimento dos alunos aborígenes nas escolas e nas salas de aula é um tópico sobre o qual existe muita literatura, mas nenhuma investigação empírica. Ao tentar restringir a investigação empírica que examina as relações positivas entre alunos e professores e que se centra nos conceitos do Círculo de Coragem e do envolvimento dos alunos, surgiram alguns temas abrangentes. Este estudo foi orientado pela investigação que se centrou nas relações aluno-professor, em cada um dos quatro conceitos do Círculo de Coragem (pertença, mestria, independência e generosidade) e no envolvimento dos alunos aborígenes. A literatura examinada foi categorizada nos seguintes temas: Resiliência dos alunos, Criação de um sentimento de pertença para os alunos, Incorporação de conceitos aborígenes no currículo e Programas que envolvem os alunos aborígenes.

Resiliência dos alunos

Não é surpreendente que os alunos com maior risco de abandono escolar sejam aqueles que nunca tiveram uma relação positiva com um professor (Brokenleg et al., 2002). Como é que estes alunos vulneráveis podem começar a envolver-se e a mostrar resiliência? O estudo de Feinstein, Baartman, Buboltz, Sonnichsen e Solomon (2008) abordou a questão de poderem existir dois grupos de crianças vulneráveis com antecedentes ou adversidades semelhantes, um dos quais apresenta um comportamento resiliente e o outro não. O objetivo do estudo era investigar os factores que podem ajudar ou prejudicar os rapazes adolescentes na sua capacidade de apresentar comportamentos resilientes. Feinstein et al (2008) procuraram identificar as caraterísticas positivas de cada adolescente do sexo masculino, a fim de determinar que abordagens são bem sucedidas na promoção da resiliência. No estudo, a resiliência foi definida como "a capacidade humana e a habilidade de enfrentar a adversidade, superá-la, ser fortalecido por ela e até mesmo mudar através de experiências negativas" (Cesarone, 1999, p. 28). No estudo, a teoria dos sistemas ecológicos de Bronfenbrenner foi utilizada para identificar a resiliência. Esta teoria é "uma abordagem para compreender o desenvolvimento humano no contexto dos sistemas de relações que se formam no ambiente do indivíduo" (Feinstein et al., 2008, p. 94).

Feinstein et al. (2008) apresentaram dados qualitativos que foram recolhidos com a ajuda de entrevistas. Os investigadores criaram perguntas para as entrevistas e depois entrevistaram os 18 participantes individualmente. Na elaboração das perguntas da entrevista, foram utilizadas a teoria dos sistemas ecológicos de Bronfenbrenner (1986) e a

teoria do risco e da resiliência do Search Institute (2004) para elaborar perguntas significativas. Alguns exemplos de perguntas de entrevista no estudo de Feinstein et al. (2008) foram: "Quem são os seus modelos? E porquê? Tem planos para o futuro? As pessoas sentem-se seguras consigo?
Comunidade (fora da instituição)?" (p. 98-99). Os dados das entrevistas foram depois recolhidos e analisados pelos investigadores. Os resultados do estudo de Feinstein et al. (2008) indicam as qualidades necessárias numa comunidade para promover a resiliência em jovens em risco. As caraterísticas identificadas incluíam um tempo adequado de ligação com um adulto no programa, bem como a necessidade de promover práticas de empatia na comunidade. Estes resultados apoiam a minha investigação atual, uma vez que sustentam a necessidade de relações positivas entre um estudante e um mentor adulto. Esta investigação também me ajudou a identificar técnicas de entrevista significativas para utilizar no meu inquérito para estudar jovens aborígenes em risco.

A aprendizagem socio-emocional desempenha um papel importante no empenhamento e na resiliência. O estudo de Beland (2007) explica como a aprendizagem social e emocional (ASE) melhora tanto o empenhamento como a resiliência. "A ASE é o processo pelo qual as pessoas desenvolvem as competências para identificar e gerir emoções, construir relações positivas, resolver problemas que surgem, motivar-se para atingir um objetivo, fazer escolhas responsáveis e evitar comportamentos de risco" (Beland, 2007, p. 29). A promoção de ambientes de ASE ajuda os alunos a demonstrarem o espírito de cada um dos quatro quadrantes do Círculo da Coragem (Pertença, Domínio, Independência e Generosidade). Quando os alunos podem desenvolver um sentimento de pertença e a capacidade de contribuir para a sua comunidade, a resiliência e a autoestima dos jovens aumentam (Lloyd, 2001).

Criar um sentimento de pertença para os alunos

Muitas comunidades aborígenes acreditam que pertencer a uma comunidade é um dos elementos mais importantes da identidade de uma pessoa. Standing Bear (1978) afirmou que cada criança aborígene pertence à sua família não só pelo sangue, mas também por pertencer à comunidade.
para a sua comunidade, que era muitas vezes a sua banda. "Era dever de todos os adultos, como

Professores para os mais jovens" (Brokenleg et al., 2002, p. 46). No edifício escolar, as relações positivas entre professores e alunos contribuem para um sentimento de pertença. Será que as escolas criam um sentimento de pertença para todos os alunos? E se um aluno não tiver um sentimento de pertença, poderá empenhar-se na aprendizagem? O estudo de Johnson (2009) analisou o sentimento de alienação que as escolas secundárias podem criar para muitos alunos. O estudo concluiu que 40-60% dos alunos do ensino secundário estão constantemente desinteressados, cronicamente desatentos e aborrecidos (Johnson, 2009). Johnson (2009) analisou a relação entre medidas psicológicas de pertença e motivação. O estudo ilustrou a possibilidade e a importância de proporcionar aos estudantes adolescentes um sentimento de pertença.

A questão que orientou a investigação de Johnson foi: o grau de pertença difere em função do contexto escolar? A sua hipótese era que as relações entre alunos e professores desempenham um papel importante na forma como se sentem e no que conseguem na escola. Este estudo utilizou métodos de investigação mistos, incluindo questionários, entrevistas e observações. O método de investigação utilizado por Johnson foi semelhante à abordagem que adoptei para responder à minha pergunta de investigação. Johnson utilizou entrevistas em que tanto os alunos como os professores tiveram a oportunidade de falar e exprimir as suas ideias e pensamentos sobre o clima escolar e as suas experiências. Estes dados qualitativos foram utilizados para apoiar e reforçar os resultados quantitativos.

Os resultados do estudo de Johnson (2009) apoiam a sua hipótese. Os resultados da escola não tradicional tiveram mais professores a subscrever as descrições de apoio do que os da escola tradicional. Em média, os alunos da escola não tradicional foram

Os alunos das escolas tradicionais consideram que dois ou três professores da sua escola demonstram interesse por eles, interessam-se pelos problemas ou pelo futuro dos alunos, preocupam-se com os alunos e motivam-nos. Os alunos das escolas tradicionais referiram, na sua maioria, que nenhum professor ou apenas um professor se preocupava com os alunos ou se interessava por eles. Os alunos das escolas não tradicionais referiram um maior sentimento de pertença, aceitação, respeito, inclusão e apoio por parte da comunidade escolar. As escolas não tradicionais do seu estudo assemelhavam-se à crença comum dos aborígenes de que "as crianças eram educadas para se verem como parentes de praticamente todas as pessoas com quem tinham contacto regular" (Brokenleg et al., 2002, p. 46). As escolas tradicionais estudadas seguiam o conceito europeu tradicional de educação, que coloca pouca ênfase na construção de uma relação positiva entre aluno e professor.

Este estudo conseguiu dar aos alunos uma voz e uma oportunidade de participarem em conversas e reflexões sobre a sua aprendizagem. O estudo fez avançar os conhecimentos dos educadores para melhor compreenderem as necessidades sociais e emocionais das nossas comunidades escolares. O estudo de Johnson (2009) ajudou-me a definir as caraterísticas de uma relação aluno-professor positiva. As suas conclusões apoiaram a minha hipótese e ajudaram a formular perguntas significativas para alunos e professores para o meu estudo. Para além das relações positivas entre alunos e professores, a incorporação de conteúdos nativo-americanos no currículo também pode ajudar a melhorar o sucesso dos alunos nativo-americanos (Tait, 2010).

A inclusão de conceitos indígenas no currículo

É evidente que os estudantes aborígenes não são tão bem sucedidos como os estudantes não aborígenes.

Estudantes aborígenes na Colômbia Britânica. Será que as relações positivas entre alunos e professores e um currículo rico em conteúdos aborígenes e na história do território tradicional que cada um

Os recursos escolares ajudam a envolver melhor os nossos alunos aborígenes em dificuldades? A questão de investigação subjacente ao estudo de Tait (2010) era: "Que desafios sentem os professores (por género, anos de experiência de ensino e nível de ensino) na integração de conteúdos aborígenes no currículo da Colúmbia Britânica?" (S. 2).

Tait (2010) utilizou um inquérito para obter dados quantitativos de 87 dos possíveis 800 professores empregados no Distrito Escolar 68 em Nanaimo, BC, Canadá. Os professores da amostra variavam em termos de género, anos de experiência de ensino e níveis de ensino. O objetivo do inquérito era obter informações sobre os desafios sentidos pelos professores na integração de conteúdos aborígenes no currículo, bem como informações demográficas. O inquérito incluía oito afirmações que reflectiam as dificuldades sentidas pelos professores na integração de conteúdos aborígenes no currículo. Cada afirmação foi classificada numa escala de Likert de cinco pontos (o número 1 representava "discordo totalmente" e o número 5 representava "concordo totalmente"). No final do inquérito, havia uma pergunta aberta para obter informações que não tinham sido abordadas nas perguntas anteriores. As perguntas da escala de Likert eram semelhantes às que utilizei quando inquiri professores e alunos para responder à minha pergunta de investigação: Como é que as relações positivas entre alunos e professores, que se alinham com os ensinamentos do Círculo de Coragem, podem ajudar a envolver os nossos alunos aborígenes em dificuldades?

As conclusões de Tait (2010) neste estudo confirmaram que o acesso a recursos e o conhecimento das culturas aborígenes eram barreiras à inclusão de conteúdos aborígenes no currículo da Colômbia Britânica para os professores do Distrito Escolar 68. Os dados não revelaram diferenças significativas entre os professores do ensino básico e secundário relativamente aos desafios à inclusão; ambos consideraram a falta de recursos como um desafio. Os professores do ensino secundário referiram saber menos sobre as culturas aborígenes do que os professores do ensino básico.

Professores. A taxa de resposta de 11% dos participantes no inquérito pode ser considerada como

como um ponto fraco do estudo. Esta fraqueza pode dever-se ao facto de os questionários terem sido enviados a cada escola com instruções para a administração os transmitir ao pessoal. Este método não permitiu ao investigador ter controlo total sobre a forma como o inquérito foi explicado e distribuído aos professores. Esta falha particular ajudou-me a planear a forma como queria distribuir os inquéritos aos professores e alunos, porque queria ter controlo total sobre a explicação, distribuição e recolha dos inquéritos preenchidos pelos professores e alunos.

Este estudo identificou alguns dos problemas que podem estar a prejudicar os nossos alunos aborígenes em comparação com os seus colegas não aborígenes. A avaliação deste estudo ajudou-me a identificar algumas das limitações que outro professor do distrito escolar enfrentou ao procurar formas de melhorar o sucesso global dos nossos alunos aborígenes. O capítulo 5 de Tait (2010) inclui: Recomendações para a prática e Recomendações para investigação futura. Salienta que existe uma falta de investigação empírica sobre o sucesso e o envolvimento dos alunos aborígenes no Distrito Escolar 68 e em toda a província da Colúmbia Britânica. Tait (2010) sugeriu que é necessário fazer mais para facilitar uma mudança positiva nos nossos alunos aborígenes em dificuldades. Faço eco desta sugestão e espero que, ao inquirir professores e alunos, o pessoal das Escolas Públicas de Ladysmith de Nanaimo aprenda mais sobre as estratégias que ajudarão a envolver os nossos alunos aborígenes desfavorecidos. A análise de programas e projectos bem sucedidos na Colômbia Britânica poderá ajudar a identificar estratégias para que as escolas e o pessoal encontrem mais formas de apoiar os alunos com dificuldades.

Programas que envolvem alunos indígenas

A Associação Canadiana de Educação afirma que os alunos precisam de envolvimento social, institucional e intelectual para terem êxito na escola e nas suas comunidades.

Aprendizagem (Dunleavy, Willms, Milton, & Friesen, 2012). Para melhorar as taxas de conclusão dos estudantes aborígenes, é necessário melhorar a qualidade das estratégias de ensino e aprendizagem para os estudantes aborígenes não envolvidos. Para envolver os alunos aborígenes na sala de aula, as estratégias de ensino e/ou o conteúdo devem ser adaptados para serem significativos para os alunos. No entanto, para que os educadores envolvam os alunos aborígenes na sala de aula, os alunos devem primeiro ter a coragem de ter sucesso, e isto é ensinado através das lições do modelo do Círculo de Coragem (Brokenleg et al., 2002). Os educadores precisam de desenvolver uma melhor compreensão dos valores que os aborígenes têm e do que eles precisam emocionalmente para se empenharem na sua aprendizagem e serem bem sucedidos no seu ambiente educativo.

Apesar de as taxas de sucesso serem inferiores às dos seus pares não aborígenes, existem alguns programas de educação aborígene bem sucedidos na Colúmbia Britânica que estão a ajudar a colmatar esta lacuna. Nielsen (2010) analisou o projeto Learning for Understanding through Culturally-inclusive Imaginative Development (LUCID) e a sua capacidade de envolver os estudantes aborígenes. O LUCID foi iniciado quando o Dr. Mark Fettes recebeu uma bolsa de cinco anos do Conselho de Investigação em Ciências Sociais e Humanas do Canadá (SSHRC). O objetivo deste projeto era criar um currículo culturalmente inclusivo para estudantes aborígenes que utilizasse a Educação Imaginativa para ajudar a reduzir o fosso educativo entre estudantes aborígenes e não aborígenes. A educação imaginativa procura envolver os alunos emocionalmente na sua aprendizagem através de ligações a sentimentos e imagens humanas (Egan, 2005). Este projeto tinha várias semelhanças com o programa ABOUT das Escolas Públicas de Nanaimo Ladysmith (NLPS), que tem a taxa de graduação aborígene mais elevada de todas as escolas NLPS.

O projeto LUCID foi impulsionado pela colaboração da comunidade, que incluiu

Simon Fraser University (SFU), três comunidades das Primeiras Nações da Colômbia Britânica: Sto:lo, Haida e Ts'msyen, e os três distritos escolares situados nos seus territórios tradicionais. Nielsen (2010) utilizou uma abordagem de investigação qualitativa de métodos mistos para avaliar o projeto LUCID. "Dado que não tinham sido recolhidos dados de base reais para o LUCID para além da literatura mais vasta sobre a educação das Primeiras Nações, precisava de um meio perspicaz para avaliar os sucessos e as dificuldades e o contexto que cada parte trouxe para o projeto" (Nielsen, 2010, p. 415). Nielsen recolheu dados durante oito visitas escolares distintas em cada um dos três distritos escolares da Colômbia Britânica envolvidos no projeto LUCID: Chilliwack, Queen Charlotte Islands e Prince Rupert. Estas visitas decorreram durante um período de seis semanas em 2006, tendo sido realizados inquéritos de acompanhamento em 2007. A recolha de dados foi dividida em três categorias: Entrevista, Observação e Documentação.

Dos 20 professores envolvidos no projeto LUCID, Nielsen entrevistou 14 deles. As origens, os sistemas de crenças e os interesses dos professores variavam muito, mas havia um denominador comum: o desejo de envolver melhor todos os alunos (Nielsen, 2010). Quatro dos onze diretores de escolas participantes foram entrevistados. Muitos diretores referiram que alguns professores não se relacionavam com os seus alunos e tinham dificuldade em construir uma relação positiva com eles (Nielsen, 2010). Nas entrevistas com os responsáveis pelo projeto LUCID e com os pais, as intenções e os esforços do LUCID foram avaliados de forma bastante positiva.

Ao explorar os resultados da investigação de Nielsen, surgiram vários temas abrangentes. A colaboração e o planeamento permitiram que os professores partilhassem os seus êxitos e desafios e se motivassem e inspirassem uns aos outros e a outros professores na sala de aula. A

O desenvolvimento da comunidade LUCID contribuiu para libertar os professores do seu isolamento e para

competências que lhes permitiram apoiar melhor tanto os alunos aborígenes como os não aborígenes. Ao trabalharem com membros de cada nação local, todos os funcionários do distrito escolar puderam aprender mais sobre a cultura aborígene e os protocolos que os educadores podem utilizar para melhor se envolverem com os alunos com dificuldades. A perda da língua e o facto de muitas crianças aborígenes não terem aprendido bem o inglês demonstra a importância do apoio linguístico para os novos alunos e também para alguns pais. Um dos professores aborígenes envolvidos no programa LUCID considerou que isso se devia ao facto de as crianças nunca terem aprendido a sua língua tradicional como as gerações anteriores. Como as gerações anteriores não compreendiam muito bem a língua inglesa, não foram capazes de ensinar bem os seus filhos e o problema continua, pelo que a sua língua tradicional corre agora o risco de desaparecer (Nielsen, 2010).

A análise de estudos sobre os quatro temas da resiliência dos alunos, a criação de um sentimento de pertença nos alunos, a incorporação de conceitos aborígenes no currículo e os programas que envolvem os alunos aborígenes ajudaram-me a reconhecer a falta de investigação empírica que existe atualmente sobre o tema do envolvimento dos alunos aborígenes. Os estudos que observei mostraram a importância de cada um dos quatro conceitos do modelo do Círculo de Coragem e a forma como podem contribuir para o envolvimento dos nossos alunos aborígenes nas questões. Nós, enquanto comunidade de educadores, precisamos de estudar algumas das filosofias educativas tradicionais aborígenes e trabalhar em conjunto para colmatar o fosso que existe atualmente entre os nossos alunos aborígenes e não aborígenes. "Nunca devemos pensar na educação como um luxo; é uma necessidade, especialmente para as crianças das comunidades pobres e minoritárias, para que possam um dia desfrutar de uma elevada qualidade de vida" (Muhammad, 2009, p. 8).

Capítulo 3: Procedimentos e métodos

Estamos aqui para ensinar ou estamos aqui para garantir que os nossos alunos aprendem?

-Dr. Chris Weber **Conceção da investigação**

O objetivo desta investigação era explorar a forma como as relações positivas entre alunos e professores, centradas nos ensinamentos do Círculo de Coragem, podem ajudar a envolver os nossos alunos aborígenes em dificuldades e outros alunos que perderam a sua ligação à sala de aula. O investigador espera que este trabalho possa não só ajudar a motivar os alunos com dificuldades de aprendizagem, mas também aqueles que não têm dificuldades académicas mas não estão ativamente empenhados na aprendizagem. A falta de empenho e as baixas taxas de graduação dos alunos aborígenes nas Escolas Públicas de Nanaimo Ladysmith (NLPS) e em toda a província da Colúmbia Britânica indicam que a nossa atual abordagem à educação dos nossos alunos aborígenes não está a funcionar suficientemente bem. O objetivo deste estudo era examinar as crenças de antigos alunos e professores aborígenes sobre a ligação entre relações positivas entre alunos e professores e o sucesso dos alunos aborígenes. Esta investigação utilizou dados quantitativos e qualitativos para demonstrar o papel que as relações positivas entre alunos e professores, alinhadas com os valores do Círculo de Coragem, podem desempenhar no envolvimento dos alunos aborígenes no NLPS. Nos inquéritos a antigos alunos e professores aborígenes, os participantes puderam responder tanto a perguntas fechadas como a perguntas abertas.

Amostra

Este estudo foi efectuado em duas das escolas secundárias do NLPS. Estas duas escolas foram selecionadas porque têm a maior percentagem de estudantes aborígenes no NLPS. O investigador utilizou um método de amostragem sistemático e não aleatório, examinando o seguinte
duas escolas situadas no território tradicional da Primeira Nação Snuneymuxw.

Foi pedido aos antigos alunos aborígenes (pertencentes a várias nações, não apenas a Snuneymuxw) que tinham participado e se tinham licenciado no programa NLPS ABOUT em 2014, bem como aos professores das duas escolas secundárias, que preenchessem um inquérito para partilharem as suas ideias e experiências sobre o tema do envolvimento dos alunos aborígenes em dificuldades através de relações positivas entre alunos e professores.

O programa ABOUT é um programa alternativo a tempo inteiro que se centra nos ensinamentos tradicionais de diferentes nações e permite aos alunos concluir todos os cursos do ensino secundário com um professor numa única sala de aula. A abordagem "um professor, uma sala de aula" permite que os alunos e os professores construam uma relação forte e positiva, onde os alunos têm um sentimento de pertença, podem demonstrar as suas capacidades de diferentes formas, são encorajados a ser independentes e aprendem o valor da generosidade - todos ensinamentos do Círculo de Coragem.

Na altura do estudo, havia 20 antigos alunos que tinham concluído o programa ABOUT (janeiro de 2014). Todos estes alunos eram estudantes que tinham abandonado ou desistido da escola em algum momento do seu percurso educativo. Cada um deles participou no programa ABOUT e completou o programa com o Diploma Dogwood. 16 dos antigos diplomados do programa ABOUT participaram no estudo, o que corresponde a uma representatividade de 80%.

O investigador participou em duas reuniões de pessoal, uma em cada escola, para apresentar a sua investigação. Dos 50 professores das duas escolas secundárias (15 numa e 35 na outra) que participaram na reunião de pessoal em que o investigador apresentou o seu estudo de investigação, 22 preencheram o inquérito. Como ele não sabia o nome dos

professores que
Os presentes e os ausentes, ele não pôde colocar nenhum inquérito nas caixas de correio dos

os professores que não participaram na reunião de pessoal. Na sequência de discussões com os diretores de ambas as escolas, estes informaram o investigador de que todos os professores a tempo inteiro estiveram presentes em ambas as reuniões de pessoal. A taxa de resposta de 44% dos professores que participaram nas reuniões de pessoal indica uma forte representatividade do pessoal docente. Os professores participantes foram categorizados em grupos de acordo com os anos de experiência de ensino (0-5 anos de experiência, 5-10 anos de experiência, 10-15 anos de experiência e 15+ anos de experiência).

Instrumentos utilizados

Foram utilizados dois inquéritos diferentes numa escala de Likert de cinco pontos (um para antigos alunos e outro para professores). O inquérito aos estudantes (Anexo A) incluía 13 afirmações fechadas e duas perguntas abertas sobre relações positivas entre estudantes e professores, centradas no modelo do Círculo de Coragem. Para as perguntas fechadas, foi pedido aos alunos que comparassem as suas experiências entre o ensino secundário normal e o tempo que passaram no programa ABOUT. Todas as afirmações se centravam nos quatro quadrantes do Círculo de Coragem. As duas perguntas abertas deram aos alunos a oportunidade de partilhar as suas ideias sobre a educação dos nativos americanos no NLPS e como o Círculo de Coragem os ajudou enquanto alunos. O inquérito aos professores (Anexo B) incluía oito afirmações fechadas e duas perguntas abertas. As afirmações fechadas pediam aos professores que partilhassem as suas ideias sobre a utilização do Círculo de Coragem na sala de aula com alunos aborígenes. Nas perguntas abertas, pedia-se aos professores que partilhassem as suas ideias actuais sobre o apoio aos alunos aborígenes no NLPS e que partilhassem uma história de sucesso de um aluno aborígene que fosse o resultado de uma relação aluno-professor positiva.

Cada inquérito era acompanhado de uma ficha de informação do estudo de investigação (ver Apêndices C e D). A ficha de informação do estudo de investigação salientava o objetivo do estudo, explicava que a participação era voluntária, declarava que toda a participação era completamente anónima e que o preenchimento do inquérito significava um consentimento livre e informado para participar no estudo de investigação. As afirmações e as perguntas centravam-se nas filosofias educativas tradicionais aborígenes realçadas no Círculo de Coragem e no envolvimento dos alunos na escola. O estudo de Johnson (2009) ajudou o investigador a formular perguntas significativas tanto para os alunos como para os professores para o seu estudo de investigação. As suas filosofias ajudaram o investigador a definir as caraterísticas de uma relação aluno-professor positiva, o que levou ao desenvolvimento de perguntas que poderiam refletir melhor a identificação destas relações para os alunos participantes. As perguntas eram simples e diretas, permitindo que os alunos respondessem até que ponto cada valor era importante para eles. Por exemplo: *as relações positivas entre alunos e professores são importantes para manter o empenhamento dos alunos aborígenes.*

Nas afirmações finais, o número 1 representava "discordo totalmente" e o número 5 "concordo totalmente". "Uma pontuação elevada num item com pontuação positiva indicaria uma atitude positiva, e uma pontuação global elevada no teste indicaria uma atitude positiva" (Gay, Mills, & Airasian, 2012, p.130). As afirmações finais forneceram ao investigador dados quantitativos/numéricos, mas podem ainda ser consideradas descritivas (Mills, 2014). Após as afirmações fechadas, havia duas perguntas abertas destinadas a fornecer informações que não foram abordadas nas afirmações. Deram aos participantes no estudo a oportunidade de exprimirem os seus pensamentos e opiniões sobre o tema do estudo. Um exemplo

Uma das perguntas feitas foi: "*O que pensa atualmente sobre o apoio oferecido aos estudantes aborígenes com dificuldades no NLPS?* A capacidade de não depender apenas de uma fonte de dados ou de um grupo de partes interessadas demonstra a utilização da triangulação, que aumenta a validade (Wolcott, 1988).

Procedimentos adoptados

O Dr. Martin Brokenleg, cofundador do Círculo de Coragem, deu o seu consentimento verbal e apoio para partilhar e investigar os ensinamentos do Círculo de Coragem (comunicação pessoal, 20 de novembro de 2013). A Primeira Nação Snuneymuxw apoiou a realização desta investigação no seu território tradicional (comunicação pessoal, 1 de maio de 2014). O Comité de Ética da Universidade da Ilha de Vancouver concedeu a sua aprovação em agosto de 2014. O Superintendente das Escolas Públicas de Nanaimo Ladysmith deu a sua aprovação para a realização do estudo em setembro de 2014. O Centro de Amizade Aborígene Tillicum Lelum acolheu a ideia do investigador de apresentar o objetivo do estudo e tentar recrutar antigos alunos como participantes (setembro de 2014). A apresentação dos alunos teve lugar na Zona Neutra (um edifício do Centro de Amizade Aborígene Tillicum Lelum), um local onde os antigos alunos da ABOUT se encontram frequentemente. Ambos os diretores deram permissão ao investigador para falar na segunda reunião de pessoal do ano para apresentar o inquérito e a folha de informação da investigação em outubro de 2014.

Durante um período de dois meses no outono de 2014, 16 antigos alunos da ABOUT e 22 professores preencheram um inquérito escrito. Os antigos alunos foram recrutados através de cartazes e de uma apresentação na Zona Neutra do Centro de Amizade Aborígene Tillicum Lelum, em setembro de 2014, tendo-lhes sido dada a oportunidade de participar neste estudo. Inquéritos

e fichas de informação sobre o estudo de investigação (Apêndices A e C) foram distribuídas e solicitadas a serem devolvidas à Nanaimo District Secondary School. Foram fornecidos envelopes com a morada da escola e portes pré-pagos. Os inquéritos aos professores e as fichas de informação do estudo de investigação foram explicados em pormenor pelo investigador durante as reuniões escolares (ver Apêndices B e D) e entregues aos professores para serem preenchidos numa altura conveniente. Todos os participantes foram informados de que a sua participação era voluntária e anónima. Os questionários preenchidos foram colocados num arquivo fechado na escola para serem recolhidos pelo investigador uma semana depois de terem sido apresentados aos potenciais participantes. Os dados foram analisados e ordenados para cada afirmação fechada e pergunta aberta.

Validade

O investigador tomou várias precauções para minimizar qualquer risco para a validade interna do estudo. O investigador respeitou a ficha de informação do estudo que foi afixada e distribuída quando falou com antigos alunos (Apêndice A). Ao explicar o inquérito e a ficha de informação aos professores nas reuniões escolares, seguiu exatamente a ficha de informação do estudo (Anexo C). Os professores participantes podem ter tido percepções negativas dos alunos aborígenes que poderiam comprometer a validade interna. Para minimizar estas ameaças, durante todas as apresentações de recrutamento, o investigador salientou a importância do estudo, que todas as respostas às afirmações e perguntas do estudo seriam úteis e que o estudo forneceria recomendações para melhor apoiar os alunos e os professores. Todos os participantes que se ofereceram para participar no estudo tiveram uma semana para preencher o inquérito e ler a ficha de informação do estudo num ambiente não ameaçador à sua escolha.

O investigador procurou melhorar a validade externa do estudo, abordando cada uma das seguintes caraterísticas do estudo: credibilidade, transferibilidade, fiabilidade e conformidade para testar a validade da sua investigação-ação qualitativa (Guba, 1981). O debriefing colegial deu ao investigador a oportunidade de rever os seus resultados crescentes. Ao colaborar com os colegas durante as sessões da Comunidade de Aprendizagem Profissional (PLC) no local de trabalho e com os colegas do grupo de mestrado do investigador, este pôde alargar a sua perspetiva ao ouvir as suas experiências sobre as dificuldades dos alunos aborígenes nas suas salas de aula. Este exercício ajudou a aumentar a credibilidade do estudo e a determinar por onde começar a criar um inquérito significativo para os meus professores.

Para minimizar as limitações do inquérito, o processo de discussão entre pares também permitiu ao investigador simplificar a estrutura, a explicação e o conteúdo do inquérito e da ficha informativa. Foram considerados factores como o tipo de letra, o tamanho, a linguagem, a informação dos participantes e a clareza do inquérito e da ficha informativa. A triangulação foi utilizada para testar a credibilidade e a conformidade, recolhendo informações sob a forma de declarações fechadas e perguntas abertas respondidas por antigos alunos e professores actuais (Wolcott, 1988). O investigador recolheu e apresentou dados detalhados e descritivos que permitiram a comparação da amostra com outras amostras, aumentando assim a transferibilidade da investigação (Guba, 1981). Para além disso, foi utilizada a triangulação ao ter mais do que uma parte interessada a responder, o que ajudou a aumentar a credibilidade do estudo.

Outra possível limitação do estudo pode ser o facto de o investigador ser o antigo professor dos alunos participantes. Poderá haver uma pressão interna sobre os alunos os participantes a enviesar as respostas às perguntas, sabendo que o investigador (o seu antigo

professor) leria os resultados. Para minimizar esta limitação, foi garantido aos antigos participantes que os resultados do inquérito eram anónimos e foram fornecidos envelopes com o endereço da Nanaimo District Secondary School. A experiência do investigador com o programa ABOUT também contribui para a credibilidade do estudo. Embora a sua experiência possa ter influenciado a interpretação dos resultados, o investigador conhece bem o programa e sabe que tipos de perguntas são apropriadas e pode interpretar as respostas com base na sua experiência com o programa.

Técnicas de análise

Os dados dos inquéritos aos antigos alunos e aos professores foram analisados de várias formas. A média, o valor modal e a variância foram calculados para afirmações fechadas e apresentados em tabelas. Os resultados de cada afirmação individual foram comparados para determinar se os participantes concordavam ou discordavam totalmente da mesma. Para os inquéritos aos professores, foram formados subgrupos com base nos anos de experiência de ensino. As perguntas abertas de ambos os inquéritos foram codificadas para identificar temas recorrentes. Os resultados foram apresentados primeiro de forma quantitativa, seguidos de uma apresentação dos dados qualitativos que revelaram tanto semelhanças como diferenças entre os alunos e os professores participantes.

Capítulo 4: Conclusões e resultados

Temos de olhar para as crianças necessitadas não como problemas, mas como indivíduos que têm o potencial de

quando lhes é dada a oportunidade de o fazer.

-Arcebispo Desmond Tutu

As conclusões e os resultados deste estudo de investigação responderam à questão de como as relações positivas entre alunos e professores, centradas nos ensinamentos do Círculo de Coragem, podem ajudar a envolver os nossos alunos aborígenes em dificuldades. Os dados provêm de dois inquéritos separados distribuídos aos alunos aborígenes das escolas públicas de Nanaimo Ladysmith (NLPS) que concluíram o programa ABOUT e aos professores de duas escolas secundárias das NLPS situadas no território tradicional da Snuneymuxw First Nation. No total, foram devolvidos 16 dos 20 inquéritos possíveis aos estudantes, o que representa uma taxa de resposta de 80%. Quanto aos inquéritos aos professores, foram devolvidos 22 dos 50 inquéritos possíveis, o que representa uma taxa de resposta de 44%. Os dados seguintes reflectem as respostas aos inquéritos aos alunos e aos professores (incluindo as respostas à escala de Likert de cinco pontos e às perguntas abertas).

No inquérito aos professores (Anexo B), foi-lhes pedido que indicassem o seu acordo com as oito afirmações seguintes:

1. As relações positivas entre alunos e professores são importantes para manter o empenhamento dos aborígenes.
2. Os alunos aborígenes têm um sentimento de pertença na minha sala de aula.
3. Os alunos aborígenes sentem-se competentes na minha sala de aula.
4. Os alunos aborígenes são encorajados a ser independentes nas minhas aulas.
5. Os alunos aborígenes da minha turma têm a oportunidade de participar na comunidade e de mostrar generosidade.
6. Todos os meus alunos aborígenes estão envolvidos na sala de aula.
7. Preciso de mais informações sobre como abordar os meus alunos aborígenes.
8. Utilizo o modelo do "Círculo de Coragem".

Os valores médios globais, os valores modais e a variância para cada afirmação fechada do inquérito aos professores são apresentados na Tabela 4.1, onde os valores médios e os modos podem variar entre 1,0 (discordo totalmente) e 5,0 (concordo totalmente).

Quadro 4.1

Média global, valor modal e valor da variância dos inquéritos aos professores

Statement	n	Mean	Mode	Variance
1	22	4.9	5	0.1
2	22	4.5	4	1.0
3	22	3.7	3	0.9
4	22	4.1	5	0.8
5	22	3.7	3	1.2
6	22	3.0	3	0.9
7	22	4.3	5	1.1
8	22	2.5	1	2.5

A Tabela 4.1 mostra que a pontuação média mais elevada, de 4,9, foi para a afirmação 1: As relações positivas entre alunos e professores são importantes para manter o envolvimento dos aborígenes. A média mais baixa das oito afirmações foi de 2,5 para a afirmação 8: Utilizo o modelo do Círculo de Coragem. A variância da afirmação 8 é elevada, uma vez que a maioria dos inquiridos concordou ou discordou, com três inquiridos a afirmarem "concordo totalmente" e nove inquiridos a afirmarem "discordo totalmente". A Tabela 4.2 apresenta os valores médios de acordo com o número de anos de experiência de ensino.

Quadro 4.2

Pontuações médias por anos de experiência de ensino nos inquéritos aos professores

Statement	0-5 yrs n=3	5-10 yrs n=6	10-15 yrs n=3	15+ yrs n=10
1	5.0	5.0	5.0	4.8
2	3.3	3.8	4.0	4.0
3	2.7	3.7	3.3	4.1
4	4.0	4.2	4.3	4.0
5	3.3	3.8	3.3	4.0
6	2.0	3.2	3.0	3.1
7	4.7	4.3	4.7	3.8
8	1.7	3.5	1.7	2.4

A Tabela 4.2 mostra as pontuações médias para cada uma das afirmações finais nos inquéritos aos professores em função dos seus anos de experiência de ensino. A média mais alta para os professores com 0-5, 5-10 e 10-15 anos de experiência de ensino foi 5,0 para a afirmação 1: Relações positivas entre alunos e professores são importantes para manter o envolvimento dos aborígenes. A afirmação 1 foi também a média mais elevada para os professores com mais de 15 anos de experiência de ensino, com uma média de 4,8. A maior diferença entre os quatro grupos com experiência de ensino ocorreu na afirmação oito: Eu uso o "Círculo de

Modelo 'Coragem'. O valor médio para os inquiridos com 0-5 anos de experiência de ensino foi de 1,7,

5-10 anos foi de 3,5, 10-15 anos foi de 1,7 e 15+ anos foi de 2,4. Também houve diferenças notáveis nas pontuações médias da afirmação três: Os alunos aborígenes sentem-se competentes na minha sala de aula. A pontuação média para os inquiridos com 0-5 anos de experiência de ensino foi de 2,7, 510 anos foi de 3,7, 10-15 anos foi de 3,3 e 15+ anos foi de 4,1.

Nos inquéritos aos alunos, foi-lhes pedido que indicassem a sua concordância com as treze afirmações seguintes:

1. As relações positivas entre alunos e professores são importantes para manter o empenhamento dos aborígenes.
2. Enquanto aluna de uma escola regular, sentia que pertencia à minha sala de aula.
3. Como aluna do programa ABOUT, senti um sentimento de pertença na minha sala de aula.
4. Enquanto aluno de uma escola regular, sentia-me competente na minha sala de aula.
5. Como estudante do programa ABOUT, senti-me competente na minha sala de aula.
6. Enquanto aluno de uma escola regular, fui encorajado a ser independente na minha sala de aula.
7. Enquanto estudante do programa ABOUT, fui encorajado a expressar a minha independência na sala de aula.
8. Enquanto aluna de uma escola regular, tive a oportunidade de participar em actividades de serviço comunitário e de mostrar generosidade na minha sala de aula.
9. Como estudante do programa ABOUT, tive a oportunidade de participar em actividades de serviço comunitário e de mostrar generosidade na minha sala de aula.
10. Estive envolvido durante o meu tempo na escola regular.
11. Durante a minha estadia, participei no programa ABOUT.
12. Os professores precisam de mais apoio e formação para motivar os alunos aborígenes.
13. O conceito do Círculo de Coragem ajudou-me a envolver-me na escola.

O Quadro 4.3 resume os dados da parte do inquérito aos estudantes relativa à escala de Likert de cinco pontos. Os valores médios globais, os valores modais e a variância para cada afirmação fechada no inquérito aos estudantes são apresentados no Quadro 4.3, com valores médios e modos possíveis que variam entre 1,0 (discordo totalmente) e 5,0 (concordo totalmente).

Quadro 4.3

Valor médio global, valor modal e valor da variância dos inquéritos aos estudantes

Statement	n	Mean	Mode	Variance
1	16	4.7	5	0.4
2	16	2.1	3	0.9
3	16	4.6	5	0.3
4	16	2.3	3	0.9
5	16	4.5	5	0.4
6	16	1.9	1	1.5
7	16	4.4	5	0.7
8	16	2.2	1	1.2
9	16	4.1	4	0.8
10	16	1.8	1	0.7
11	16	4.3	4 & 5	0.5
12	16	4.6	5	0.4
13	16	3.9	5	1.6

A Tabela 4.3 ilustra que a pontuação média mais elevada dos estudantes foi de 4,7 para a afirmação: "Relações positivas entre estudantes e professores são importantes para manter o envolvimento dos estudantes aborígenes." Duas outras afirmações tiveram uma pontuação média elevada: "Como aluno do programa ABOUT, senti-me integrado na minha turma" e "Os professores precisam de mais apoio e formação para envolver os alunos aborígenes".

Quadro 4.4

Comparação das médias dos inquéritos aos alunos entre o Mainstream High School (MSH) e o Programa ABOUT (AP)

Statements	Mean (MSH)	Mean (AP)
2-3 Belonging	2.1	4.6
4-5 Competence/Mastery	2.3	4.5
6-7 Independence	1.9	4.4
8-9 Generosity	2.2	4.1
10-11 Engagement	1.8	4.3

A Tabela 4.4 mostra as diferenças significativas entre as experiências da escola regular e o tempo como aluno do programa ABOUT. As maiores diferenças entre os dois tipos de escolas residem na experiência de pertença, na assiduidade e no envolvimento geral. Os dados qualitativos seguem-se diretamente aos inquéritos aos professores e aos alunos, que foram classificados numa escala de Likert de cinco pontos. Foram colocadas duas perguntas abertas aos professores e aos antigos alunos. 18 dos 22 professores responderam às duas perguntas abertas, o que representa 82% dos inquiridos no inquérito aos professores. 16 dos 16 antigos alunos responderam às duas perguntas abertas, o que corresponde a 100% dos participantes no inquérito aos antigos alunos.

Os temas comuns dos inquéritos aos professores e aos antigos alunos foram identificados através de um sistema de contagem. As respostas a cada tópico foram totalizadas e os três principais temas comuns foram identificados. Os três temas principais que emergiram das respostas dos professores à pergunta 9, "O que pensa atualmente sobre o apoio oferecido aos alunos aborígenes em dificuldade no NLPS?" foram resumidos.

Quadro 4.5

Três temas principais para apoiar os alunos aborígenes com dificuldades no PNLP, retirados dos inquéritos aos professores com exemplos de citações (pergunta 9)

Theme	# of Respondents (n=18)	% of Respondents
Successful Supports	3*	17%
Demonstrating Improvements	6**	33%
Needs Improvement	9***	50%

1 "Programas como o ABOUT no NLPS são sem dúvida um enriquecimento."

1 "Penso que estão a melhorar lentamente, mas ainda temos muito trabalho a fazer.
1 "A Tabela 4.6 contém os dados das respostas dos professores à pergunta 10 do inquérito: Conhece alguma história de sucesso de um antigo ou atual aluno aborígene que tenha sido resultado de uma relação aluno-professor positiva? Se sim, por favor, conte-nos.

Theme	# of Respondents (n=18)	% of Respondents
Shared a Success Story	12*	67%
Did Not Have a Success Story	6**	33%

Quadro 4.6 ***Estudantes aborígenes no PNLP a partir de entrevistas a professores com citações de amostras (Pergunta 9)***

1 "Ainda não ®"A Tabela 4.5 mostra que 50% dos professores participantes acreditam que o atual apoio aos estudantes aborígenes desfavorecidos precisa de ser melhorado. A Tabela 4.6 mostra que 67% dos professores participantes foram capazes de citar histórias de sucesso específicas que podem ser atribuídas a uma relação aluno-professor positiva.SOBRE os participantes do inquérito foi dada a oportunidade de responder às duas perguntas seguintes: O que pensa atualmente sobre o apoio que os estudantes aborígenes do NLPS prestam aos estudantes com dificuldades? Por favor, diga-nos de que forma o conceito do Círculo de Coragem ajudou a motivá-lo enquanto estudante.
4.7 e é analisada mais pormenorizadamente no capítulo 5:

Quadro 4.7

Os três principais temas de apoio aos estudantes aborígenes com dificuldades no PNLP, retirados dos inquéritos aos estudantes, com exemplos de citações (pergunta 14)

Theme	# of Respondents (n=16)	% of Respondents
Successful Supports	2*	12%
Needs Improvements	7**	44%
ABOUT led to Student Success	7***	44%

1 "Nunca me senti empenhado até me ter inscrito no programa ABOUT. Muitos dos meus professores na escola regular pensavam que eu era apenas um índio preguiçoso porque tenho um irmão mais velho, mas no programa ABOUT
Tinha a sensação de que pertencia ao grupo".

A Tabela 4.8 contém os dados das respostas dos alunos à questão 15 do Inquérito:

Quadro 4.8 ***Formas de envolvimento do Círculo de Coragem a partir de inquéritos aos alunos com exemplos de citações (Pergunta 15)***

Theme	# of Respondents (n=16)	% of Respondents
Belonging	9*	57%
Mastery	4**	25%
Generosity	1***	6%
Independence	1****	6%
Circle of Courage Did Not Engage	1*****	6%

"O Círculo de Coragem fez-me sentir como se pertencesse a um lugar. O meu professor fez com que a nossa sala de aula se sentisse como uma comunidade.""Pude mostrar os meus trabalhos artísticos e histórias de família (mostrando as minhas capacidades).""O que mais recordo do Círculo de Coragem é que fui sempre encorajado a ser generoso na aula. Ajudou um grupo de miúdos maus a fazer coisas boas." "O meu professor foi ao hospital quando tive o meu bebé. Ele fez-me sentir que eu era uma óptima aluna e que podia ser uma mãe independente."

O apoio aos alunos nativos com dificuldades precisa de ser melhorado. A Tabela 4.8 mostra que 94% dos alunos participantes indicaram que o Círculo de Coragem os ajudou a envolverem-se como alunos. 57% dos participantes indicaram que a oportunidade de sentir um sentimento de pertença os motivava mais. Uma discussão destes temas comuns, bem como de outros temas, é apresentada no Capítulo 5. São explorados factores específicos relacionados com a forma como as relações positivas entre alunos e professores, centradas no Círculo de Coragem, contribuem para envolver os nossos alunos aborígenes em dificuldades. "O Círculo de Coragem não me ajudou em nada".

Capítulo 5: Resumo, discussão e conclusões

Os líderes devem estar preparados para suportar as cicatrizes que advêm da liderança através da mudança educacional.

-Heifetz & Linsky

Resumo

Este estudo explorou e analisou os factores que contribuem para que as relações positivas entre alunos e professores, centradas nos ensinamentos do Círculo de Coragem, contribuam para que os alunos aborígenes com dificuldades se empenhem. Esta questão de investigação foi desencadeada pelas baixas taxas de sucesso e de participação dos alunos aborígenes nas escolas públicas de Nanaimo Ladysmith (NLPS) e em toda a província de B.C., em comparação com os seus pares não aborígenes. Algumas das razões para os resultados mais fracos e a falta de envolvimento devem-se às lutas que os canadianos aborígenes enfrentaram e continuam a enfrentar, como a colonização, as escolas residenciais e o racismo da cultura dominante. Este estudo fornecerá aos educadores e aos sistemas escolares provas de professores e de alunos aborígenes que experimentaram tanto dificuldades como êxitos com a utilização do Círculo de Coragem na sua comunidade de alunos.

Embora as taxas de sucesso dos estudantes aborígenes sejam baixas nos NLPS e na província de BC, programas como o ABOUT estão a ajudar a melhorar as taxas de graduação dos estudantes aborígenes. Desde a introdução do programa ABOUT nos NLPS, as taxas de graduação aumentaram em mais de 20%. Este estudo foi realizado para descobrir o que funciona para os alunos e professores, a fim de fornecer às escolas e aos professores dados significativos para os ajudar a implementar estratégias de aprendizagem que possam melhorar o envolvimento dos alunos aborígenes na sua escola e comunidade.

Este estudo examinou a ligação entre os ensinamentos do Círculo de

Coragem e empenhamento dos alunos aborígenes com dificuldades. O investigador investigou

literatura e investigação relevante na introdução e na revisão da literatura e redigiu uma

Inquérito no qual tanto os antigos alunos aborígenes como os actuais professores do NLPS puderam partilhar os seus pensamentos e experiências de interação com alunos aborígenes. Os inquéritos continham declarações fechadas e duas perguntas abertas. As perguntas fechadas forneceram ao investigador dados quantitativos, enquanto as respostas abertas foram concebidas para dar aos participantes a oportunidade de fornecer informações que não foram abordadas nas perguntas fechadas. Os dados foram registados e apresentados sob a forma de tabelas que revelaram temas comuns que identificam estratégias eficazes para envolver melhor os alunos aborígenes com dificuldades.

Discussão

Os resultados da investigação mostraram que as relações positivas entre alunos e professores são o aspeto mais importante do envolvimento dos alunos aborígenes. A afirmação final nos inquéritos aos antigos alunos e aos professores, "As relações positivas entre alunos e professores são importantes para manter o empenho dos alunos aborígenes" recebeu as pontuações médias mais elevadas de todas as afirmações do inquérito (antigos alunos 4,7 e professores 4,9). As relações com os alunos individuais e as suas famílias facilitam uma aprendizagem relevante e significativa e práticas restaurativas que ajudam a manter os alunos empenhados e a desenvolver um sentimento de pertença. "[Os alunos] precisam de estar rodeados em casa e na escola por adultos que acreditam que eles podem aprender" (Halbert & Kaser, 2013, p. 38). As respostas de antigos alunos e professores indicam que os alunos nativos com dificuldades precisam de um ambiente que lhes permita ter êxito e que lhes aumente a autoestima e a confiança. Halbert e Kaser (2013) acreditam que uma relação positiva entre professor e aluno é um componente crítico para que o aluno faça "mudanças transformadoras em sua aprendizagem". (p.37). Concordam que esta relação promove uma mudança de mentalidade nos alunos, em que estes desenvolvem a crença de que o professor confia neles para serem bem sucedidos, o que, por sua vez, aumenta a autoestima e a autoconfiança do aluno.

Os dados recolhidos através deste estudo mostram que tanto os alunos como os professores acreditam que as relações positivas entre alunos e professores são importantes para envolver os alunos indígenas, mas que é necessário mais apoio para o pessoal docente para melhorar o envolvimento dos alunos indígenas com dificuldades. Os professores expressaram uma forte necessidade de mais informações sobre *como* envolver os aborígenes na sua sala de aula e no seu edifício escolar. Nos inquéritos aos professores, o investigador encontrou uma pontuação média elevada de 4,3 na afirmação: "Preciso de mais informação sobre como envolver os meus alunos aborígenes." Ao examinar todos os professores do NLPS, Tait (2010) constatou que "a falta de recursos aborígenes e a falta de conhecimento das culturas aborígenes surgiram como desafios na integração de conteúdos aborígenes, tal como são percepcionados pelos professores" (p. 33). Neste estudo, tornou-se claro que as filosofias educativas tradicionais aborígenes não eram familiares para os professores que participaram no estudo.

Estratégias como o modelo do Círculo de Coragem enfatizam abordagens que foram refinadas na civilização durante mais de 15.000 anos e preservadas através de tradições orais (Brokenleg et al., 2002). Este estudo demonstra que programas como o ABOUT, que proporcionam uma instrução centrada na aprendizagem relevante e significativa com uma forte ênfase na cultura, não só proporcionam aos alunos um forte sentido de si próprios, como também permitem um envolvimento que conduz a resultados académicos bem sucedidos. Isto é confirmado pelos dados do inquérito aos alunos no Capítulo 4. As Tabelas 4.4 e 4.5 ilustram que o envolvimento dos alunos participantes numa escola regular tradicional resultou numa nota média de 1,8 em em comparação com uma nota média de 4,3 durante o período em que foram alunos do programa ABOUT.

As perguntas relativas a elementos específicos do Círculo de Coragem também forneceram provas a favor da recomendação da sua utilização.

Em junho de 2014, o programa ABOUT permitiu que mais estudantes aborígenes do que qualquer outra escola do NLPS passassem a fase de graduação. Cada um destes alunos fê-lo com "dignidade, objetivo e oportunidade" (Halbert & Kaser, 2013, p. 9). Este estudo mostra que houve uma melhoria extrema no envolvimento de cada aluno. Esta melhoria estava ligada à construção de um sentimento de pertença, domínio, independência e generosidade quando participaram com a ABOUT em comparação com a sua experiência numa escola regular. 94% dos antigos alunos referiram que o Círculo de

Coragem os ajudou a empenharem-se como alunos. 57% dos alunos participantes afirmaram que o facto de fazerem parte do Círculo de Coragem os ajudou na sua aprendizagem. "A investigação mostra que pertencer a uma comunidade (Tiyospaye) continua a ser o fator mais importante na identidade Sioux" (Brokenleg et al., 2002, p. 47).

Ao examinar as respostas dos professores à pergunta "Eu utilizo o modelo do Círculo de Coragem", as pontuações média e modal de 2,5 e 1 foram, infelizmente, as mais baixas de todo o inquérito. Estes resultados mostraram que o Círculo de Coragem é eficaz no envolvimento dos alunos aborígenes, mas parece que mais professores precisam de apoio para aprender e implementar as suas filosofias na sala de aula.

O modelo do Círculo de Coragem é simples e, como mostra o sucesso do programa ABOUT, pode ser muito eficaz. Os professores participantes indicaram que precisam de mais informações sobre como incluir os aborígenes na sala de aula e que o Círculo de Coragem deve ser visto como um recurso que pode ser uma forma eficaz de incluir todos os alunos.
de alunos numa escola. Nas respostas escritas dos professores, 50% dos inquiridos consideram que o apoio oferecido pelo NLPS aos alunos aborígenes desfavorecidos deve ser melhorado.

Restrições

O objetivo deste estudo era identificar uma ligação entre as relações positivas entre alunos e professores, centradas no Círculo de Coragem, e o empenho dos alunos aborígenes. Cada um dos alunos participantes tinha abandonado a escola em algum momento da sua carreira escolar ou tinha sido retirado da escola por falta de empenhamento. Com base nos dados fornecidos pelos alunos, ficou claramente demonstrado que as relações positivas entre alunos e professores e o conceito do Círculo de Coragem ajudaram a motivar os alunos que participaram no estudo. Apesar de uma elevada taxa de resposta tanto de antigos alunos como de professores, apenas os professores de duas das seis escolas secundárias do NLPS e um grupo de alunos aborígenes foram analisados neste estudo. Por conseguinte, deve reconhecer-se que os alunos e professores de outras escolas podem ter apresentado resultados diferentes dos da amostra deste estudo. Também reconheci que aqueles que não responderam aos inquéritos podem ter experiências e crenças diferentes sobre a eficácia dos ensinamentos do Círculo de Coragem no envolvimento de alunos com dificuldades.

Outra limitação do estudo foi o facto de não terem sido recolhidos dados demográficos dos alunos, a fim de manter o anonimato. Ao rever o estudo, mais informações dos alunos e professores participantes poderiam ter fornecido uma imagem mais clara do historial dos participantes no estudo. Isto ajudaria o leitor a reconhecer melhor até que ponto os resultados do estudo se aplicam aos grupos em que estão interessados.

Implicações para a política e a prática

Ao pesquisar este estudo, uma coisa ficou muito clara. Não existe investigação empírica suficiente sobre o apoio a alunos com dificuldades, não só no NLPS, mas também em toda a província da Colômbia Britânica. Os resultados deste estudo ajudaram a reconhecer que muitos alunos aborígenes precisam de conteúdos que sejam significativos para eles, com base nos seus valores. Para que os educadores consigam envolver os alunos aborígenes, estes devem primeiro ter a coragem de ter sucesso e um sentimento de pertença, o que pode ser facilitado através dos ensinamentos do Círculo de

Coragem. Para desenvolver a coragem nos alunos, tem de haver uma relação de confiança positiva e saudável entre alunos e professores. Os educadores precisam de desenvolver uma melhor compreensão dos valores aborígenes e do que eles precisam para se empenharem na sua aprendizagem. Isto pode ser conseguido através de mais investigação na área do envolvimento.

As aulas, os programas e as escolas que pude frequentar proporcionaram amplas oportunidades de integração cultural, mas sei que a principal razão pela qual muitos alunos aborígenes com dificuldades vêm todos os dias é o facto de valorizarem a relação com o seu professor, assistente educativo (EA), trabalhador de apoio à família de crianças e jovens (CYFSW), conselheiro ou diretor. Sou apaixonada pelo papel que as relações fortes e de confiança desempenham na aprendizagem. Os dados que recebi dos alunos e professores que participaram neste estudo deram-me uma compreensão mais profunda de como as relações positivas entre alunos e professores, centradas no Círculo de Coragem, podem ajudar a envolver os nossos alunos aborígenes em dificuldades. O estudo também mostrou que os professores e os alunos precisam de ser mais bem sucedidos para se empenharem mais na sua aprendizagem e no seu ensino. Espero que, no futuro, o nosso ensino ofereça aos alunos mais do que apenas um
diploma do ensino secundário, mas a auto-confiança para ir além dos limites auto-impostos

Limites. Encontrarão sentido na sua aprendizagem, terão confiança no seu futuro e tornar-se-ão modelos nas suas comunidades. O meu falecido avô lembrava-me sempre as sábias palavras da sua família e da sua comunidade: "Diga-me e eu esqueço-me. Mostrem-me e talvez não me lembre. Envolve-me e eu compreenderei". Temos de aprender através do envolvimento com o nosso povo aborígene para que juntos possamos começar a melhorar o ambiente de aprendizagem que promove o sucesso de *todos os* alunos na nossa comunidade educativa.

Ao longo do século XX e posteriormente, o ensino público sofreu algumas mudanças radicais, mas ainda não existe uma harmonia clara sobre o que é necessário para que todos os nossos alunos tenham sucesso e quais os princípios morais e éticos que devem ser observados (Muhammad, 2009). Raramente haverá uma solução perfeita para todos, mas os professores precisam de trabalhar em conjunto, como uma equipa, para encontrar uma tarefa que todos possam sentir que é moral e eticamente eficaz. Os valores de cada um dos temas do Círculo de Coragem podem ser aproveitados na declaração de missão de cada escola para melhorar o envolvimento e a aprendizagem.

Através da análise dos dados deste estudo, tornou-se claro que os professores precisam de mais apoio para compreender como podem apoiar melhor as necessidades dos alunos aborígenes. As comunidades de aprendizagem profissional (PLCs) do NLPS oferecem uma forma de proporcionar esta oportunidade aos professores. De acordo com Buffan et al. (2008), uma PLC bem sucedida pode ajudar a alinhar a cultura e a estrutura da escola através de seis caraterísticas-chave: 1.) Missão, visão, valores e objectivos partilhados 2.) Cultura de colaboração 3.) Investigação partilhada 4.) Orientação para a ação
5 .) Melhoria contínua
6 .) Concentração nos resultados
Portanto, se todos concordarmos que os professores precisam de mais apoio nesta área, e também concordarmos que os aborígenes em dificuldades precisam de mais apoio, então a

estrutura PLC no NLPS poderia ser o local onde os professores aprendem os valores do modelo do Círculo de Coragem. O Círculo de Coragem fornece um modelo visual claro que permite aos professores dos grupos PLC adquirir conhecimentos sobre como construir uma cultura na sala de aula que satisfaça as necessidades dos aborígenes.

Em todos os estudos que analisam a criação e a manutenção de uma mudança bem sucedida num sistema educativo, é constantemente referido que a mudança é mais eficaz quando as iniciativas são conduzidas por um grupo de pessoas e não apenas por um indivíduo. Os inquéritos podem ser realizados individualmente, mas quando realizados por uma equipa, podem frequentemente enriquecer os dados recebidos e contribuir para uma mudança bem sucedida. Quando as pessoas se juntam para trabalhar em prol de um objetivo comum, são normalmente curiosas e estão dispostas a correr riscos para fazer uma mudança positiva. "As pessoas curiosas não têm medo de sonhar novos sonhos ... e a sua liderança tem, por isso, um impacto maior e mais positivo" (Halbert & Kaser, 2013, p. 11).

Liderar um grupo de líderes curiosos que não têm medo de correr riscos e cometer erros pode criar um ambiente muito forte num edifício escolar. É assim que o programa ABOUT tem sido capaz de celebrar tantos sucessos com alunos e professores na sua curta existência. O Círculo de Coragem dá a cada aluno e professor uma receita clara do que é necessário para se empenharem na sua aprendizagem. Como professor, estou empenhado em aprender este modelo e em adaptar as minhas estratégias de ensino para que cada aluno tenha a oportunidade de

a oportunidade de se desenvolverem no seu ambiente educativo. Com a natureza destas aulas

e o empenho dos professores em apoiar melhor as necessidades dos alunos, desenvolveram-se relações positivas. Para sermos bem sucedidos na introdução de mudanças, temos de promover o desenvolvimento de grupos dinâmicos que estejam dispostos a correr riscos e encorajar os professores a continuarem a aprender e a procurar novas formas de apoiar os alunos com dificuldades. Também eles devem ser modelos destas qualidades se quiserem continuar a melhorar o empenho dos nossos alunos aborígenes. Como líder do NLPS e das comunidades aborígenes, continuarei a fornecer investigação empírica e estratégias que nos permitirão alcançar um maior envolvimento e aprendizagem entre todos os nossos alunos aborígenes. Este é um movimento que me é muito caro e sonho que outro estudante aborígene não sinta que não pertence e que não está empenhado como eu senti quando era estudante.

Sugestões para investigação futura

Através desta investigação, consegui reunir dados que, espero, ajudem a melhorar efetivamente a aprendizagem e o envolvimento dos alunos e dos professores. Também me deixou com muitas perguntas sobre o que gostaria de estudar a seguir. Estas questões foram rapidamente respondidas quando fui contactado pelo Dr. Hare e pelo Dr. Archibald da Universidade de British Columbia, que me convidaram a contribuir com um capítulo para o seu próximo livro. Esta contribuição permitir-me-á continuar a minha investigação sobre o tema do envolvimento dos nossos estudantes aborígenes. O título do livro é "Celebrating K-12 Aboriginal Education in British Columbia: Curriculum, Pedagogy and Policy Successes" (Celebrar a educação aborígene do ensino básico e secundário na Colúmbia Britânica: sucessos curriculares, pedagógicos e políticos). É publicado em colaboração com a BC Principals and Vice Principals Association (BCPVPA) e o

Indigenous Education Institute of Canada da Faculdade de Educação da UBC, o Associate Dean of Indigenous Education e a Chair of Indigenous Education in Teacher. Formação académica. Estou ansioso por continuar o meu percurso e contribuir para a melhoria da

Oportunidades de aprendizagem para todos os estudantes aborígenes na província da Colúmbia Britânica.

Referências

Anuik, J., Battiste, M., & George, P. (2010). Aprender com programas e aplicações promissores para fomentar o espírito de aprendizagem. *Canadian Journal of Native Education, 33*(1), 63-81.

Balfanz, R., Herzog, L., & Maciver, D.J. (2007). Prevenir o absentismo e a retenção em escolas médias urbanas: Deteção precoce e intervenções eficazes. *Educational Psychologist, 42*(4), 223235. doi: 10.80/00461520701621079

Beland, K. (2007). A aprendizagem social e emocional aumenta o interesse e a resistência. *Education Digest, 72*(9), 24-29.

Brokenleg, M., Brendtro, L., & Van Bockern, S. (2002). *Reclaiming youth at risk - our hope for the future (Recuperando jovens em risco - nossa esperança para o futuro)*. Bloomington: Solution Tree.

Buffan, A., Erkens, Hinman, C., Huff, S., Jessie, L., Martin, T., Mattos, M., Muhammad, A., Noonan, P., Parscale, G., Twadell, E., Westover, J., & Williams, K. (2008). *O administrador colaborativo*. Bloomington, IN: Solution Tree.

Cesarone, B. (1999). *Guide to resilience: Uma coleção de recursos sobre resiliência em crianças e famílias*. Eric Clearinghouse on Elementary and Early Childhood Education.

Cowley, P., & Easton S. (2004). *Relatório sobre a educação dos aborígenes na Grã-Bretanha*

Colômbia. Vancouver: Fraser Institute.

Dumont, H., Istance, D., & Benavides, F. (Eds.). (2010). *A natureza da aprendizagem: Com*

A investigação como inspiração para a prática. (317-338). Austrália: OCDE.

Dunleavy, J., Willms, J. D., Milton, P., & Friesen, S. (2012). O que é que aprendeu em

A escola hoje? Relatório número um: A relação entre a participação dos alunos e o desempenho académico. *Associação Canadiana de Educação*: 1-9.

Egan, K. (2005). *Uma abordagem imaginativa do ensino*. São Francisco: Jossey-Bass

Feinstein, S., Baartman, J., Buboltz, M., Sonnichsen, K., & Solomon, R. (2008). O

Resiliência em adolescentes do sexo masculino num centro de correção. *O Jornal de*

Educação Correcional, 59(2), 94-105.

Fredricks, J.A., Blumenfeld, P.C. e Paris, A. (2004) School engagement: the potential of

O conceito, o estado do conhecimento. *Review of Educational Research*, 74(1): 59-109.

Gay, L.R., Mills, G.E., & Airasian, P. (2012). *Investigação educacional: Competências para*

Analysis and Application (10ª ed.). Upper Saddle River, NJ: Merrill/Prentice Hall.

Guba, E.G. (1981). Critérios para avaliar a fiabilidade dos estudos naturalistas. *Comunicação e Tecnologia Educativas*, 29(2), 75-91.

Halbert, J. & Kaser, L. (2013). *Investigação em espiral para a equidade e a qualidade*. Vancouver: The

BC Principals & Vice-Principals Association (Associação de Diretores e Vice-Diretores da Colômbia Britânica).

Feinstein, S., Baartman, J., Buboltz, M., Sonnichsen, K., & Solomon, R. (2008). O

Resiliência em adolescentes do sexo masculino num centro correcional. *The Journal of Correctional Education*, *59*(2), 94-105.

Johnson, L. (2009). School context and student belonging: A mixed methods study at an innovative high school (Contexto escolar e pertença dos alunos: um estudo de métodos mistos numa escola secundária inovadora). *The School Community Journal*, *19*(1), 99-118.

Lloyd, D. (2001). Escolas incondicionais, uma juventude promissora. *Reclaiming Children and*

Juventude, *70*(3), 150-152.

Mills, G.E. (2014). *Investigação-ação: Um guia para o professor investigador* (5.ª ed.). University of Southern Oregon: Pearson.

Ministério da Educação. (2013). *Relatório Aborígene 2007/08-2011/2012: Como estamos? fazer?* Obtido em 28 de outubro de 2013 em http://www.bced.gov.bc.ca

Ministério da Educação. (1999). *Acordo de financiamento para aborígenes*. Obtido em 28 de outubro,

2013 de http://www.bced.gov.bc.ca/abed/agreements/

Muhammad, A. (2009). *Transforming school culture (Transformar a cultura escolar).* Bloomington: Solution Tree Press.

Nielsen, T.W. (2010). Perdido na tradução. Repensar a educação das Primeiras Nações através do LUCID

Perspectivas. *Springer Science and Business*, 411-433. doi 10.1007/11159-010-9168-6

Quinn, R. (2004). *Building the bridge as you walk on it.* São Francisco: Josie-Bass.

Standing Bear, L. (1978). *A terra da águia dourada.* Lincoln: Universidade de Nebraska

Imprensa.Statistics Canada. (2010). Censo de 2006*: Povos Aborígenes no Canadá em 2006: Inuit, Metis e Primeiras Nações, Censo de 2006*. Recuperado de:

http://www.12.statcan.gc.ca/census-recensement/2006/as-sa/97-558/p3-eng.cfm.

Tait, L. (2010). *Desafios percebidos pelos professores na integração de conteúdos aborígenes*

(Tese de mestrado). Recuperado de:

http://journal.viuonline.ca/index.php/eddev/issue-/archive

Toulouse, P.R. (2013). *Para além das sombras Sucesso dos estudantes das Primeiras Nações, Metis e Inuit.*

Ottawa: Canadian Teachers Federation (Federação Canadiana de Professores).

Wolcott, H.F. (1988). Investigação etnográfica em educação. Em R.M. Jaeger (Ed.),

Métodos complementares de investigação em educação (pp. 187-210). Washington,

DC: Associação Americana de Investigação Educacional.

Apendix A Inquérito aos estudantes
Por favor, não se inclua a si próprio, escolas ou outras pessoas nas perguntas deste inquérito.

Idade: 18-2020-2525-30 30+

Assinale o número que mais se aproxima da sua escolha para as perguntas 1-13.
1 Discordo totalmente 2 Discordo 3 Neutro 4 Concordo 5 Concordo totalmente

1. as relações positivas entre alunos e professores são importantes para manter o empenhamento dos aborígenes.
1 2 3 4 5
2 Como aluno de uma escola regular, sentia que pertencia à minha sala de aula.
1 2 3 4 5
3. como estudante do programa ABOUT, senti-me integrado na minha sala de aula.
1 2 3 4 5
4 Como aluno de uma escola regular , sinto-me competente na minha sala de aula.
1 2 3 4 5
5. como estudante do programa ABOUT, senti-me competente na minha sala de aula.
1 2 3 4 5
6. enquanto aluno de uma escola regular, fui encorajado a ser independente na minha sala de aula.
1 2 3 4 5
7. como estudante do programa ABOUT, fui encorajado a exprimir a minha independência na sala de aula.
1 2 3 4 5
8. como aluno de uma escola regular, tive a oportunidade de participar em actividades de serviço comunitário e de mostrar generosidade na minha sala de aula.
1 2 3 4 5
9 - Como estudante do programa ABOUT, tive a oportunidade de participar em actividades de serviço comunitário e de mostrar generosidade na minha sala de aula.
1 2 3 4 5
10. estive envolvido durante o meu tempo na escola regular.
1 2 3 4 5
11. participei no programa ABOUT durante o tempo que lá estive.
1 2 3 4 5
12. os professores precisam de mais apoio e formação para motivar os alunos aborígenes.
1 2 3 4 5
13 O conceito do Círculo de Coragem ajudou-me a envolver-me na escola.
1 2 3 4 5

Por favor, não se inclua a si próprio, escolas ou outras pessoas nas perguntas deste inquérito.

8. Qual é a sua opinião sobre o apoio oferecido aos estudantes aborígenes no NLPS?

9. Diga-nos de que forma o conceito do Círculo de Coragem o ajudou a desenvolver-se como pessoa

Appendix B: Inquérito aos professores

Por favor, não se inclua a si próprio, escolas ou outras pessoas nas perguntas deste inquérito.

Assinale uma ou mais respostas às duas perguntas seguintes.

Anos de experiência de ensino: 0-55-1010-1515+

Nível da turma leccionada: 89101112 Apoio

Professor

Assinale o número que mais se aproxima da sua escolha para as perguntas 1 a 8.

1 Discordo totalmente 2 Discordo 3 Neutro 4 Concordo 5 Concordo totalmente

1. **As relações positivas entre alunos e professores são importantes para manter o empenhamento dos aborígenes.**
   1 2 3 4 5
2. **Os alunos aborígenes têm um sentimento de pertença na minha sala de aula.**
   1 2 3 4 5
3. **Os alunos aborígenes sentem-se competentes na minha sala de aula.**
   1 2 3 4 5
4. **Os alunos aborígenes são encorajados a ser independentes nas minhas aulas.**
   1 2 3 4 5
5. **Os alunos aborígenes da minha turma têm a oportunidade de participar na comunidade e de mostrar generosidade.**
   1 2 3 4 5
6. **Todos os meus alunos aborígenes estão envolvidos na sala de aula.**
   1 2 3 4 5
7. **Preciso de mais informações sobre como abordar os meus alunos aborígenes.**
   1 2 3 4 5
8. **Utilizo o modelo do "Círculo de Coragem".**
   1 2 3 4 5

Por favor, não se inclua a si próprio ou os nomes de escolas ou outras pessoas nas perguntas deste inquérito.

7. Qual é a sua opinião atual sobre os programas de educação para os aborígenes em dificuldade?
Estudantes aborígenes no NLPS?

8. Conhece alguma história de sucesso de um antigo ou atual estudante aborígene que possa ser atribuída a uma relação aluno-professor positiva? Em caso afirmativo, fale-nos dela.

Appendix C: Ficha de informação para a investigação dos estudantes

Envolver-se através do Círculo de Coragem anteriormente SOBRE o Inquérito aos Estudantes

setembro, 2014

Caro ex-aluno da ABOUT e graduado do ensino secundário,

O meu nome é Brett Hancock e sou o antigo professor do programa ABOUT nas Escolas Públicas de Nanaimo Ladysmith (NLPS). Também sou estudante na Universidade da Ilha de Vancouver (VIU). Estou a trabalhar para completar o meu Mestrado em Liderança Educacional (MEDL). Como parte dos meus estudos MEDL, estou a analisar o envolvimento dos aborígenes. A pergunta a que estou a tentar responder é: "Como é que as relações positivas entre alunos e professores, que se alinham com os ensinamentos do Círculo de Coragem, podem ajudar a envolver os nossos aborígenes desfavorecidos?" Estou a procurar a ajuda de professores de duas escolas secundárias do NLPS e de antigos alunos aborígenes para me ajudarem neste trabalho. Ser-lhe-á pedido que participe neste estudo preenchendo um pequeno inquérito por ser um antigo aluno do NLPS que participou no programa ABOUT. O inquérito demorará aproximadamente 15 minutos do seu tempo e pode ser preenchido em qualquer altura durante a próxima semana. Agradecemos a sua disponibilidade para participar neste estudo.

A participação neste estudo é totalmente anónima, pelo que não é necessário indicar o seu nome. Dado o tamanho reduzido da amostra e da população estudada para este estudo, é improvável que eu possa garantir o anonimato dos participantes. O inquérito pede algumas informações de base e, em seguida, 13 afirmações fechadas em que só precisa de assinalar uma resposta. Há 2 perguntas abertas sobre relações positivas entre alunos e professores, centradas no Círculo de Coragem, em que pode escrever em frases ou em forma de pontos. Os questionários podem ser devolvidos ao gabinete do NDSS se optar por participar.

Não existem danos conhecidos associados à sua participação neste estudo. A sua participação é inteiramente voluntária e pode decidir se quer ou não participar sem dar qualquer razão. Pode optar por não responder a todo o inquérito, mas depois de ter enviado o seu inquérito para o NDSS, os seus dados não podem ser retirados dos resultados da investigação, uma vez que não é possível distinguir o seu trabalho do dos outros participantes.

Apenas o meu supervisor e eu teremos acesso aos dados da investigação. Os inquéritos preenchidos e outros dados serão guardados num armário de arquivo fechado à chave até setembro de 2017 e depois serão destruídos. Todos os ficheiros electrónicos armazenados no computador serão protegidos por palavra-passe e apagados em setembro de 2017. Aguardo com expetativa as opiniões dos professores e dos antigos alunos e espero que isto possa ajudar tanto os alunos como os professores a defenderem melhor as questões dos aborígenes. Todos os resultados desta investigação serão incluídos num trabalho escrito exigido pela VIU.

Se tiver alguma dúvida ou preocupação relativamente ao exame ou ao inquérito, não hesite em contactar-me através do endereço bhancock@sd68.bc.ca. Quaisquer questões ou preocupações relativas ao seu tratamento como

quiser participar nesta investigação, queira contactar o responsável pela ética da investigação da VIU através do número 250-753-3245 (ext. 2665) ou por correio eletrónico para reb@viu.ca.

Ao preencher e enviar o inquérito, está a concordar em participar neste estudo. Por favor, destaque esta página e guarde esta carta para seu registo.

Brett HancockRachel Moll, PhD, conselheira

Estudante de Mestrado em EducaçãoFaculdade de Educação

VancouverUniversidade Universidade da Ilha de da Ilha de Vancouver

bhancock@sd68.bc.ca Rachel.Moll@viu.ca

As definições que se seguem ajudá-lo-ão a interpretar as perguntas do inquérito.

Questão de investigação: Como é que as relações positivas entre alunos e professores, centradas nos ensinamentos do Círculo de Coragem, podem ajudar a envolver os nossos alunos aborígenes em dificuldades?

Definição dos termos:

Aborígene: Primeiras Nações, Metis e Inuit no Canadá. No entanto, foram utilizados termos diferentes, como nativo, índio ou indígena, pelos autores cujo trabalho contribuiu para este estudo, para que a integridade das suas palavras não se perca. Estes termos devem ser considerados sinónimos de povo aborígene.

Envolvimento dos alunos: é quando os alunos fazem um investimento psicológico na aprendizagem. Fazem um esforço para aprender, orgulham-se da sua educação e incorporam frequentemente as suas experiências de aprendizagem positivas na sua vida quotidiana.

Professor: alguém que possui uma licença de ensino válida na província da Colúmbia Britânica.

Relação: uma ligação ou vínculo entre duas pessoas que envolve respeito mútuo e compreensão dos valores de cada um.

Dificuldades de aprendizagem: Alunos que não correspondem às expectativas da escola.

O Círculo de Coragem é um modelo tribal utilizado para promover o desenvolvimento positivo dos jovens e baseia-se no princípio universal de que todos os jovens precisam de um sentimento de pertença, independência e generosidade para serem emocionalmente saudáveis. Esta filosofia resulta da colaboração de Martin Brokenleg e Larry K. Brendtro.

Escola regular: Escola primária ou secundária que fazia parte do sistema escolar público e seguia uma abordagem educativa tradicional europeia (SEM alternativas de aprendizagem).

Appendix D: Ficha de informação para professores investigadores

Envolvimento através do Círculo de Coragem Inquérito aos colegas

setembro, 2014

Caro colega,

O meu nome é Brett Hancock e, para além de ser o Coordenador do Connect ND Nível 1 e 2 na Escola Secundária do Distrito de Nanaimo nas Escolas Públicas de Nanaimo Ladysmith (NLPS), também sou estudante na Universidade da Ilha de Vancouver (VIU) no programa de Mestrado em Liderança Educacional (MEDL). Como parte dos meus estudos MEDL na VIU, estou a realizar um estudo sobre o envolvimento dos nossos alunos aborígenes. A questão que me orienta nesta investigação é: "Como é que as relações positivas entre alunos e professores, orientadas pelos ensinamentos do Círculo de Coragem, podem ajudar a envolver os nossos alunos aborígenes desfavorecidos? Estou a procurar a ajuda de professores de duas escolas secundárias do NLPS e de antigos alunos aborígenes para me ajudarem nesta investigação. Ser-lhe-á pedido que participe neste estudo preenchendo um pequeno inquérito, uma vez que ensina atualmente na Nanaimo District Secondary School ou na John Barsby Secondary School. O inquérito demorará aproximadamente 15 minutos do seu tempo e pode ser preenchido em qualquer altura durante a próxima semana. Agradecemos a sua disponibilidade para participar neste estudo.

A participação neste estudo é completamente anónima, mas dado o pequeno tamanho da amostra e da população estudada para este estudo, é improvável que eu possa garantir o anonimato dos participantes. O inquérito pede alguma informação de base e, em seguida, faz 8 afirmações fechadas e 2 perguntas abertas sobre relações positivas entre alunos e professores centradas no Círculo de Coragem. Os questionários podem ser colocados no envelope fornecido e deixados na caixa de correio da secretaria da escola depois de preenchidos.

Não existem danos conhecidos associados à sua participação neste estudo. A sua participação é totalmente voluntária e pode decidir se quer ou não participar sem dar qualquer motivo. Pode optar por não responder a todo o inquérito, mas assim que enviar o seu inquérito para o Dropbox, as suas informações não podem ser removidas dos resultados da investigação, uma vez que não é possível distinguir o seu trabalho do de outros participantes.

Apenas o meu supervisor e eu teremos acesso aos dados da investigação. Os inquéritos preenchidos e outros dados serão guardados num armário de arquivo fechado à chave até setembro de 2017 e depois serão destruídos. Todos os ficheiros electrónicos armazenados no computador serão protegidos por palavra-passe e apagados em setembro de 2017. Aguardo com expetativa o contacto dos professores

Esperamos que isto ajude tanto os alunos como os professores a abordar melhor as questões dos aborígenes. Todos os resultados desta investigação serão registados num trabalho escrito exigido pela VIU.

Se tiver quaisquer questões ou preocupações sobre a investigação ou o inquérito, não hesite em contactar-me através do endereço bhancock@sd68.bc.ca. Se tiver dúvidas ou preocupações sobre o seu tratamento como participante neste estudo, contacte o responsável pela ética da investigação da VIU através do número 250-753-3245 (ext. 2665) ou por correio eletrónico em reb@viu.ca.

Ao preencher e enviar o inquérito, está a concordar em participar neste estudo. Por favor, destaque esta página e guarde esta carta para seu registo.

As definições que se seguem ajudá-lo-ão a interpretar as perguntas do inquérito.

Pergunta de investigação: Como é que as relações positivas entre alunos e professores, centradas nos ensinamentos do Círculo de Coragem, podem ajudar a envolver os nossos alunos aborígenes em dificuldades?

Definição dos termos:

Aborígene: Primeiras Nações, Metis e Inuit no Canadá. No entanto, foram utilizados termos diferentes, como nativo, índio ou indígena, pelos autores cujo trabalho contribuiu para este estudo, para que a integridade das suas palavras não se perca. Estes termos devem ser considerados sinónimos de povo aborígene.

Envolvimento dos alunos: é quando os alunos fazem um investimento psicológico na aprendizagem. Fazem um esforço para aprender, orgulham-se da sua educação e incorporam frequentemente as suas experiências de aprendizagem positivas na sua vida quotidiana.

Professor: alguém que possui uma licença de ensino válida na província da Colúmbia Britânica.

Relação: uma ligação ou vínculo entre duas pessoas que envolve respeito mútuo e compreensão dos valores de cada um.

Dificuldades de aprendizagem: Alunos que não correspondem às expectativas da escola.

O Círculo de Coragem é um modelo tribal utilizado para promover o desenvolvimento positivo dos jovens e baseia-se no princípio universal de que todos os jovens precisam de um sentimento de pertença, independência e generosidade para serem emocionalmente saudáveis. Esta filosofia resulta da colaboração de Martin Brokenleg e Larry K. Brendtro.

Índice

Printed by Books on Demand GmbH, Norderstedt / Germany